Helen lernt leben

Ein Bilderbuch über die Kindheit
der taub-blinden Helen Keller

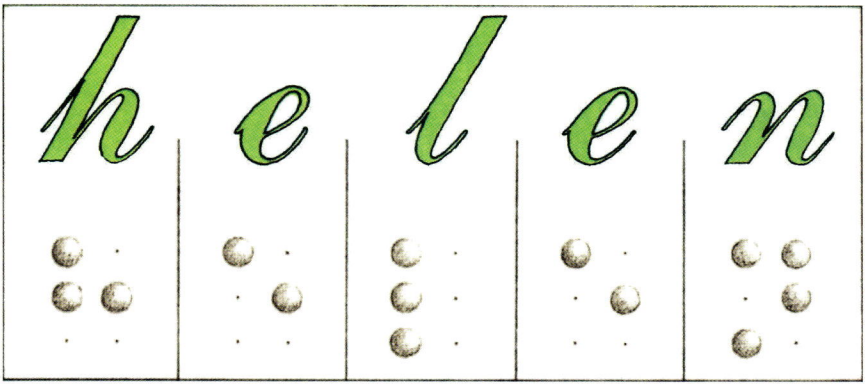

Verlag Ernst Kaufmann

Das ist eine wahre Geschichte.

Vor hundert Jahren wurde in Amerika
ein kleines Mädchen geboren.
Sein Vater und seine Mutter
freuten sich sehr.

Das Mädchen war ihr erstes Kind.
Es hieß Helen Keller.

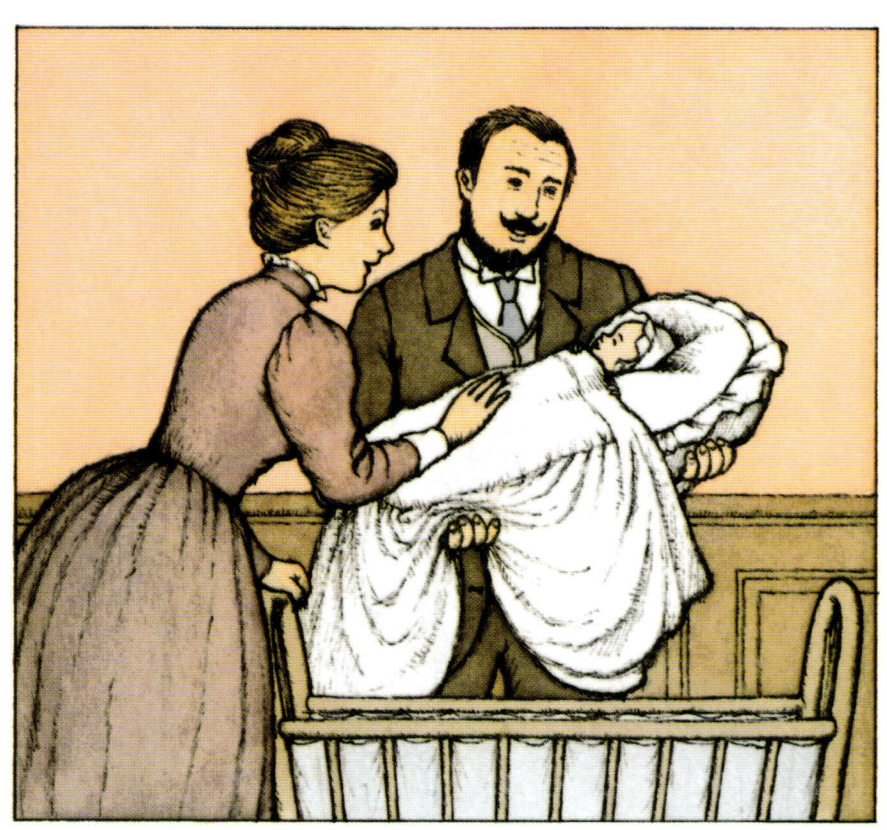

Mit achtzehn Monaten wurde Helen
sehr schwer krank.
Als sie wieder gesund war,
merkten die Eltern,
dass sie nichts mehr sah,
dass sie nichts mehr hörte.

Sie war blind und taub geworden.

Sie wurde größer, sie spielte, sie aß, sie lief.
Aber man konnte ihr nichts erklären,
nichts sagen und nichts zeigen.

Wir können sehen.
Wir wissen, dass der Himmel blau ist.
Wir sehen das Lächeln von Mama und von Papa.
Wir sehen die Tiere und alles, was im Haus
geschieht, auch draußen auf der Straße,
auf den Feldern, überall.

Helen sah nichts.

Wir können hören.
Wir hören die Stimme von Mama
und von Papa.
Wir hören die Tür, die zufällt.
Wir hören den Lärm der Autos
und wir hören Musik.

Helen hörte nichts.

Überall, immer
hören wir etwas,
auch in der Nacht, wenn wir schlafen.
Wer taub ist, weiß nicht,
was die Menschen sagen,
warum sie lachen,
warum sie böse werden,
warum sie sprechen.
Wer taub ist,
kann die Wörter nicht wiederholen
und darum die Namen
für die Dinge nicht lernen.

Wenn ein Kind taub ist, kann es nicht sprechen
und darum nicht sagen, was es will.

Vor allem hat es
keine Wörter im Kopf.
Zum Denken aber braucht man Wörter.

Wenn ein Kind nur blind ist,
hat es doch Ohren.
Es kann hören und verstehen,
was rundherum geschieht.

Wenn ein Kind nur taub ist,
hat es doch Augen.
Es kann sehen und verstehen,
was rundherum geschieht.

Aber gleichzeitig taub
und blind zu sein,
das ist schrecklich!
Das ist, wie wenn
man immer allein wäre
in der Stille und in der Nacht.
So war es bei Helen.
Sie war mit sich ganz allein.
In ihrem Kopf war große Stille und Finsternis.

Häufig wurde Helen wütend und zerstörte alles,
was sie fand. Sie zerriss ihre Kleider.
Sie aß mit den Fingern
und schmiss ihren Teller auf den Boden.

Sie schlug ihre kleine Schwester
und schrie.
Dann weinten ihre Eltern.
Sie wollten ihr helfen.
Aber sie konnten ihr all die Dinge,
die sie nicht wusste,
nicht beibringen.
Sie war sehr traurig.
Häufig blieb sie auf dem Fußboden sitzen
und weinte den ganzen Tag.

Helens Eltern
wussten nicht, wie sie ihr
etwas erklären sollten.
Sie hätten ihr gerne gesagt:
Wir haben dich sehr, sehr lieb.

Helen war mit sich ganz allein –
in ihrem Kopf
war es still,
und es war dunkle Nacht.
Sie war sehr unglücklich.

Ihre Eltern ließen sie tun,
was sie nur wollte.
Sie bestraften sie nie.
Dennoch wurde Helen
immer noch unglücklicher.

Als Helen sieben Jahre alt war,
hatten ihre Eltern eine gute Idee:
Sie baten eine Lehrerin,
bei ihnen zu wohnen,
in ihrem großen Haus.

Die Lehrerin hieß Margaret-Ann
und war erst achtzehn Jahre alt.

Sie war blind gewesen,
bis man ihre Augen operiert hatte.
Jetzt konnte sie sehen.
Da sagte sie:
Ich möchte blinden Kindern helfen.

Sie kannte
viele Spiele für blinde Kinder.
Aber Helen war nicht nur blind,
sondern auch taub.
Margaret-Ann wusste nicht,
ob es ihr gelingen würde,
mit Helen zu „sprechen".

Am Anfang war Helen garstig
mit ihrer Lehrerin.
Sie wollte nichts lernen.

Helen wollte nicht, dass man ihr befahl.

Sie war gewohnt, nur das zu tun,
was sie selbst wollte.

Aber Margaret-Ann war sehr geduldig.

Sie brachte ihr viele Dinge bei:
Perlen aufziehen, stricken und nähen,
runde und eckige Dinge abtasten und ordnen,
auch harte und weiche Dinge.
Ganz allmählich
wurde Helen freundlich und ordentlich.
Sie konnte zwar ihre Augen
und Ohren nicht brauchen;
aber mit ihren Händen versuchte sie,
die Dinge zu verstehen.

Mit ihren Händen lernte Helen auch „sprechen".
Margaret-Ann ‚tippte' ihr die Wörter in die Hand.
Und eines Tages, endlich, begriff Helen,
dass ihre Lehrerin ihr so die Namen
für die Dinge sagte.
Sie begriff, dass alles einen Namen hat:
die Sachen, die Tiere, die Menschen.
Sie lernte ihren eigenen Namen: „Helen".
Sie lernte „Papa" und „Mama" und „Lehrerin".
Als Helen das Wort „Papa"
in die Hand ihres Vaters tippte,
weinte er vor Freude.

Es war wie ein Wunder für ihn.

Dann lernte Helen lesen.
Ihre Finger folgten
den Buchstaben der Blindenschrift.
Und später gelang es ihr sogar,
mit ihrer Stimme zu sprechen.
Aber das war sehr schwierig,
weil sie selbst nie hörte, was sie sagte.

Helen war ein kluges Kind
und lernte sehr schnell.
Sie wollte alles lernen.
Sie ging auch zur Schule.
Überall aber begleitete sie Margaret-Ann
und tippte ihr alles in die Hand,
was die Lehrerinnen sagten.
Ihre Schularbeiten tippte Helen
mit der Schreibmaschine.

Sie wurde eine so gute Schülerin,
dass sie ein schwieriges Examen
bestehen konnte,
ein Examen, das noch nie ein Mädchen
ihres Landes bestanden hatte.

Jetzt war Helen berühmt geworden.
Alle wollten sie kennen lernen.

Helen reiste viel.
Sie fuhr in alle Länder.
Sie erklärte den Menschen,
dass man taube und blinde Kinder
ganz besonders betreuen muss;
denn auch solche Kinder
sollten etwas verstehen
und lernen wie sie.
Vor allem aber sollten sie
glücklich werden.

Helen wusste:
Sie hatte großes Glück gehabt.
Sie hatte Eltern gehabt,
die sie liebten,
Eltern, die eine Lehrerin bezahlen konnten,
nur für sie allein.

Vor allem hatte sie Margaret-Ann gehabt,
eine so kluge und geduldige Lehrerin.
Helen wollte,
dass man allen tauben und blinden Kindern hilft
und sie so lieb hat,
wie sie es selbst erlebt hatte.

Helen Keller und Margaret-Ann
haben viel erzählt und geschrieben.
Darum weiß man heute besser,
wie man mit Kindern,
die nicht sehen und nicht hören,
lebt und mit ihnen lernt.

Sie sind nicht mehr so allein,
in der Stille und in der Nacht.

Die Buchstaben für die Blinden bestehen aus Punkten,
die man wie kleine Höcker spürt.
Das ist die Braille-Schrift.

In Blindenschrift

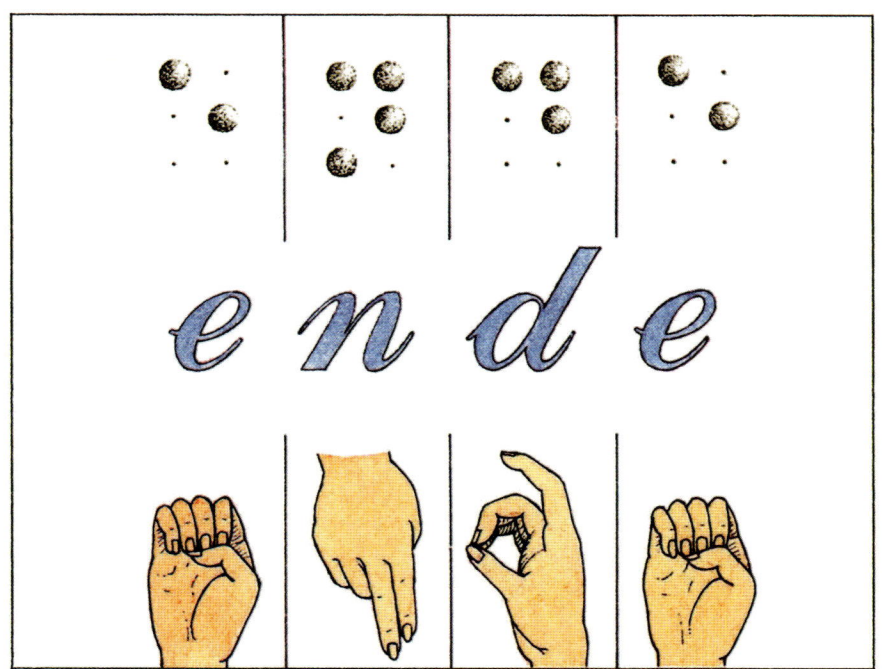

mit den Händen buchstabiert

Bilder von Colette Camil
nach einem Text von Anne Marchon
ins Deutsche übertragen von
Regine Schindler

Bibliografische Information der Deutschen Bibliothek
Die Deutsche Bibliothek verzeichnet diese Publikation in der
Deutschen Nationalbibliografie; detaillierte bibliografische Daten
sind im Internet über http://dnb.ddb.de abrufbar.

4. Auflage 2019
© 1982 und 2002 Verlag Ernst Kaufmann, Lahr

Printed by Leo Paper

ISBN 978-3-7806-2597-7